Essen wie in Israel

Olivenöl-Rezepte für Genießer

scm Oncken

Bibelverse entstammen der Lutherbibel,
revidierter Text 1984, durchgesehene Ausgabe in neuer Rechtschreibung,
© 1999 Deutsche Bibelgesellschaft, Stuttgart.

Informationen zum Thema Olivenöl entnahmen wir
mit freundlicher Genehmigung der Homepage
der Fa. Knossos Olivenöl: www.knossos-olivenoel.de

Redaktion: Sonja Westermann

2. Auflage 2006
© 2005 Oncken Verlag Witten
Satz: Factory · Mediaservice, Remscheid
Umschlaggestaltung: jungepartner, Witten
Druck: Finidr s.r.o., Tschechien
ISBN 3-7893-7428-8
Bestell-Nr. 627 428

Vorwort

Obwohl im Laufe der Geschichte eine große Anzahl von Juden über Generationen hinweg im Exil gelebt hat, ist es vielen von ihnen gelungen, sich ihren Glauben und ihre Traditionen bis heute zu erhalten.

Zu den religiösen Festen im Jahreslauf lassen die Familien Bräuche wieder aufleben, die ihren Ursprung schon in den Texten der Bibel haben.

Im Alten Testament finden sich zudem all die Speisegesetze, die bei der Zubereitung jüdischer Gerichte eingehalten werden müssen. Die Kashrut (die Sammlung der Speisegesetze) verbietet beispielsweise die gemeinsame Zubereitung von Milch und Fleisch sowie die Verwendung von Schweinefleisch oder Meerestieren ohne Flossen und Schuppen. Nichtsdestotrotz bieten sowohl die Küche der Diaspora-Juden als auch die einheimisch israelische Küche eine Vielfalt an außergewöhnlichen Geschmacksvariationen, die jeweils typische Gewürze und Früchte verwenden.

Die Olive und das Olivenöl sind unter den gern verwendeten Zutaten in zahlreichen Rezepten. Die kleine Frucht vom Baum des Lebens gedeiht im gesamten Mittelmeerraum an Bäumen, die bei optimalen Bedingungen mehrere hundert Jahre alt werden. Ihre Wurzeln reichen bis zu sechs Meter tief in die Erde und versorgen die Pflanze auch auf kärgstem Boden mit ausreichend Wasser. So tragen Olivenbäume ab dem Herbst die erntereifen Früchte, wobei die Kalamata-Oliven (Essoliven) etwas früher reif sind als die Öloliven. Letztere werden von den Bäumen geschlagen und anschließend direkt gepresst, um mögliche Gärungsprozesse zu vermeiden. Das Resultat sind Speiseöle mit unterschiedlichen Qualitätsmerkmalen, die jedem Gericht eine unvergleichlich fruchtige Note verleihen.

Dieses Buch möchte einladen zum Schmökern, Kochen und Genießen – versetzen Sie sich mit einem köstlichen Gericht oder Snack direkt ans Mittelmeer!

*Die Bäume sagten zum Ölbaum:
Sei unser König! Aber der Ölbaum
antwortete ihnen: Soll ich meine
Fettigkeit lassen, die Götter und Menschen an mir preisen, und hingehen,
um über den Bäumen zu schweben?*

(Richter 9,8.9)

Vorspeisen

Auberginen-Kaviar

(Dip für 8–10 Personen)

400 g Auberginen

2 EL Zitronensaft

25 g Tahina

1 Knoblauchzehe, zerdrückt

Salz und Pfeffer

Extra Natives Olivenöl

einige schwarze Oliven

Tahinapaste besteht aus Sesamsamen. Sie dient im Orient als Ergänzung für viele Speisen. Man bekommt sie im Reformhaus. Die helle Variante ist milder als die dunkle.

Extra Natives Olivenöl ist die Perle unter den Olivenölen. Es zeichnet sich durch seinen extrem niedrigen Säuregrad von einem Prozent aus. Es ist naturrein und unbehandelt, das Aroma einzigartig.

Bei der Zubereitung der Speisen lässt sich Extra Natives Olivenöl bis 180 °C erhitzen.

Die Auberginen rund herum mit einem scharfen Messer einstechen und auf ein Backblech legen und bei 230 °C 35 Min.

backen, dabei
häufig wenden
und anschlie-
ßend abkühlen
lassen.

Die Auberginen
längs halbieren,
das Fleisch vor-
sichtig heraus-
kratzen, in eine
Küchenmaschi-
ne geben und
pürieren.

Die restlichen
Zutaten, bis
auf die Oliven,
zugeben und
mit Salz und
Pfeffer
abschmecken.
Anschließend
noch einmal
mixen, dabei

das Öl langsam eintröpfeln lassen, bis das Püree cremig und
glatt ist.

Das Püree vor dem Servieren 3 Stunden oder über Nacht kalt
stellen.

Zum Servieren auf einem flachen Teller anrichten und in die
Mitte ein kleine Vertiefung drücken, in die etwas Olivenöl
geträufelt wird. Den Dip mit Oliven garnieren und zu warmem
Brot servieren.

Hummus

(für 4 Personen)

400 g Kichererbsen
aus der Dose

1 Knoblauchzehe,
fein gehackt

25 ml frisch gepresster
Zitronensaft

25 g Tahina,
plus etwas mehr zum
Servieren (nach Belieben)

1 EL Wasser

Salz und Cayennepfeffer

Olivenöl (nach Belieben)

geröstetes Pita-Brot
zum Servieren

*Die Kichererbsen abgießen,
abspülen, gut abtropfen lassen und
mit dem Knoblauch in der Küchenmaschine fein pürieren.*

*Zitronensaft, Tahina und Wasser
zugeben und glatt rühren. Mit Salz
und Cayennepfeffer abschmecken.
Die Paste mit Wasser verdünnen,
bis sie glatt und cremig ist.*

*Zum Servieren das Hummus auf
einem flachen Teller etwa finger-
dick ausstreichen. Mit dem Löffel-
rücken eine Vertiefung in die Mitte
drücken und nach Belieben etwas
Öl oder Tahina in die Vertiefung
geben.*

Mit getoastetem Pita-Brot servieren.

*Abgedeckt und im Kühlschrank aufbewahrt ist die Paste bis zu fünf
Tage haltbar.*

Zhoug

5–6 frische rote oder grüne Chilis

3–4 Knoblauchzehen

½ bis ¾ TL Salz

Pfeffer

1 TL gemahlener Kreuzkümmel

¼ TL gemahlener Kardamom

1–2 EL Wasser

Nach Belieben die Chilis entkernen. Alle Zutaten außer dem Wasser in eine Küchenmaschine geben und zu einer glatten Paste verrühren. Nach und nach Wasser zugeben, um die Paste zu verdünnen.

Bei der Verarbeitung der Chilis empfiehlt es sich, Gummihandschuhe zu tragen und alle Küchengeräte nach Gebrauch sorgfältig zu waschen.

Die Schärfe der Chilis ist von der Anzahl der Körner abhängig. Entkernen Sie die Schoten Ihrem Geschmack entsprechend.

Zhoug wird in der jüdischen Küche zu fast allen Gerichten gereicht. Besonders gut schmeckt die scharfe Chilipaste zu Fleisch, Couscous, Falafeln und Pita-Brot.

Weinblätter mit Käse

(für 4 Personen)

20 Weinblätter,
frisch oder getrocknet
(es gibt beim türkischen
Händler auch bereits
eingelegte Blätter zu
kaufen)

½ Tasse Olivenöl

¼ Tasse Weinessig

Füllung:

300 g mittelweicher
Ziegenkäse

2 EL dicker Joghurt

2 EL Sesamsamen

*Frische Weinblätter müssen vor der
Verarbeitung 10 Minuten gekocht
werden, damit sie weich genug sind.
Getrocknete Blätter sind vor
Gebrauch gut zu waschen.*

*Olivenöl und Essig zum Kochen
bringen und anschließend über die
Weinblätter geben.*

*Die Blätter in dieser Marinade
2 Stunden lang liegen lassen,
dann abgießen.*

*In der Zwischenzeit kann die Fül-
lung hergestellt werden, indem Sie
alle Zutaten der Füllung mischen,
bis sie breiig sind.*

*In die Mitte der Weinblätter jeweils
1–2 Teelöffel der Füllung geben
und mit dem Einschlagen an der
Längsseite beginnen. Die Blätter
fest wickeln und mit Brot servieren.*

*Und der Herr ließ aufwachsen
aus der Erde allerlei Bäume,
verlockend anzusehen und gut
zu essen, und den Baum des
Lebens mitten im Garten.*

(1. Mose 2,9)

Gebratener Ziegenkäse

(für 4 Personen)

80 ml Olivenöl

1 Knoblauchzehe,
in Streifen geschnitten

1 Zwiebel,
in Streifen geschnitten

150 g harter, salziger
Ziegenkäse

1 Eiweiß

5 EL Semmelbrösel

etwas Zitronensaft
zum Servieren

Das Olivenöl erhitzen, den Knoblauch und die Zwiebel zugeben und dünsten. Wenn sie beginnen zu bräunen, herausheben.

Den Käse in ca. 5 cm lange und 1 cm dicke Streifen schneiden und im leicht aufgeschlagenen Eiweiß wenden. Anschließend im Semmelmehl wälzen und im Olivenöl vorsichtig ausbacken.

Noch heiß mit Zitronensaft beträufeln und mit Brot servieren.

Bei einfachem Olivenöl handelt es sich um eine Mischung von raffiniertem Olivenöl und nativen Olivenölen. Durch die unterschiedlichen Zusammensetzungen können sie im Geschmack variieren. Der Säuregehalt liegt jedoch nie über anderthalb Prozent.

Falafel

(etwa 30 Bällchen)

800 g Kichererbsen
aus der Dose

1 Scheibe altes Brot
ohne Rinde

2 Zwiebeln, geviertelt

3 Knoblauchzehen,
geschält

2 EL frisch gehackte
Petersilie

1 EL gemahlener
Koriander

1 TL gemahlener
Kreuzkümmel

2 TL Salz

½ TL Pfeffer

3 EL Mehl

1 TL Backpulver

einfaches Olivenöl
zum Frittieren

Einfaches Olivenöl eignet sich, entgegen verbreiteter Vorurteile, durchaus zum Frittieren, da es sich bis zu 210 °C erhitzen lässt.

Zu beachten ist dabei lediglich, dass das Frittiergut während des Vorgangs stets frei im Öl schwimmen kann, damit es auch gleichmäßig braun wird. Das Öl hat die richtige Temperatur erreicht, wenn sich um einen hineingehaltenen Holzstiel Bläschen bilden.

Möchten Sie das Olivenöl zum mehrmaligen Frittieren verwenden, achten Sie darauf, dass das Öl nicht zu heiß wird. Außerdem sollte das Öl nach Gebrauch abgeseiht werden.

Falafeln gelten in Israel als Nationalgericht. Sie können pur oder in warmem Pita-Brot mit Salat gereicht werden.

Die Kichererbsen abgießen, abspülen und abtropfen lassen. Ca. 3–4 Esslöffel der Flüssigkeit aus der Dose aufbewahren.

Etwas Kichererbsensud auf die Brotscheibe träufeln, einziehen lassen und ausdrücken. Brot und Kichererbsen in der Küchenmaschine – eventuell portionsweise – fein pürieren und die Masse in eine große Schüssel geben.

Die Zwiebeln pürieren und zu den Kichererbsen geben. Knoblauch und Koriander ebenfalls pürieren und zu dem Kichererbsenpüree geben. Die Gewürze in die Kichererbsenmasse geben und abschmecken. Alles sehr gut vermengen.

Die Masse mit Mehl und Backpulver bestreuen und mit den Händen zu einem weichen Teig kneten. Anschließend mit feuchten Händen nussgroße Bällchen formen und auf ein Backblech legen.

Falafeln sind eine Speise, die man gut im Voraus vorbereiten kann. Einfach die Bällchen aus dem Teig formen und anschließend bis zum Frittieren kalt stellen.

In eine Fritteuse oder eine große Pfanne ca. 7 cm hoch Olivenöl geben und das Öl auf 180–190 °C erhitzen.

Die Bällchen im Öl jeweils 2–3 Minuten goldbraun frittieren und auf Küchenpapier abtropfen lassen.

Hauptgerichte

Israelisches Orangenhuhn

(4 Personen)

1 zerteiltes Huhn,
1½ kg schwer

1 TL Senf

½ TL Salz

½ Knoblauchzehe,
sehr fein gehackt

2 TL süßes Paprikapulver

¼ TL Pfeffer

¼ TL Thymian

3 EL Olivenöl

1 TL geriebene
Zitronenschale

1 TL geriebene
Orangenschale

¼ Tasse frisch gepressten
Orangensaft

¼ Tasse Wasser

2 EL Honig

Einen Brei aus Senf, Salz, gehacktem Knoblauch, Paprika, Pfeffer, Thymian und Olivenöl herstellen. Dann die Hühnerteile von allen Seiten mit diesem Brei einreiben und mit der Haut nach unten in eine flache Backform legen.

Vor dem Braten 1 Stunde ruhen lassen.

Anschließend die restlichen Zutaten vermengen und über die Hühnerteile gießen.

Das Huhn unbedeckt bei 190 °C 40 Minuten im Backofen backen, dann umdrehen und weitere 35 Minuten schmoren.

Während des Schmorens das Huhn mit dem Fond aus der Backform übergießen. Wenn Sie mögen, können Sie zusätzlich einige Oliven hinzugeben.

Grillhähnchen auf israelische Art

(für 6–8 Personen)

2,5 kg Hähnchenteile

3 EL Olivenöl

Salz und Pfeffer

2 EL Kreuzkümmel, gemahlen

1 EL Zimt, gemahlen

1 TL Kurkuma

½ TL Paprikapulver

½ TL Chilipulver

Die Hähnchenteile in eine große Schüssel legen und Öl mit den Fingern in das Fleisch einreiben.

Gleichmäßig mit Salz bestreuen.

Alle übrigen Gewürze in einer kleinen Schale mischen und das Fleisch damit bestreuen. Etwa 30 Minuten ruhen lassen.

Die Hähnchenteile im Backofengrill knusprig braten.

Auch auf dem Holzkohlegrill gelingt das Grillhähnchen problemlos. Warten Sie mit dem Grillen, bis die Glut komplett weiß ist.

Ob das Hähnchen gar ist, können Sie so prüfen: Stechen Sie mit einem spitzen Messer oder einem Schaschlikspieß ins Fleisch. Wenn klarer Saft austritt, ist das Hähnchen gar.

Aufgrund der Fettzusammensetzung ist Olivenöl, kühl und dunkel gelagert, bis zu 18 Monate lang haltbar. Angebrochene Flaschen sollten innerhalb von 2 Monaten aufgebraucht werden.

Lammkeule mit Olivensoße

(für 4 Personen)

2,5 kg Lammkeule

4 Knoblauchzehen, in Stifte geschnitten

2 EL Petersilie, fein gewiegt

Salz und schwarzer, gemahlener Pfeffer

Olivenöl zum Braten

Für die Brühe:

500 g Lammknochen

3 Möhren, gewürfelt

3 Zwiebeln, gewürfelt

100 g Sellerie, gewürfelt

3 Zweige frischer Thymian

10 schwarze Pfefferkörner

1–3 Lorbeerblätter, je nach Geschmack

Salz

1 l Wasser

150 g schwarze Oliven, gehackt

50 g Sardellenfilets, gehackt

Saft einer ½ Zitrone

Wussten Sie's schon? Jede Olive ist zunächst grün und entwickelt sich erst im Laufe des Reifeprozesses über violett zu schwarz.

Olivenölbauern sagen, dass die Olive erntereif ist, wenn ihre grüne Farbe ins Violette übergeht.

Je nach Reifestadium der verarbeiteten Olive können sich auch Olivenöle in der Farbe unterscheiden.

Aus den Lammknochen, Möhren, Zwiebeln, Sellerie, Thymian, Pfefferkörnern, Lorbeerblättern, Salz und 1 Liter Wasser eine Brühe kochen.

Die Lammkeule von Sehnen und Häutchen befreien und mit einem scharfen Messer kleine Schlitze schneiden, in welche die Knoblauchstifte gesteckt werden.

Anschließend mit Pfeffer und Salz einreiben, mit Olivenöl in einen Bräter setzen und in den auf 200 °C vorgeheizten Backofen stellen.

Nach 20 Minuten auf 170 °C reduzieren und ca. 3 Stunden im Backofen langsam braten. Dabei immer wieder mit Bratensaft und Olivenöl übergießen.

Anschließend aus dem Ofen nehmen und an einem warmen Ort ruhen lassen.

In der Zwischenzeit das Fett vom Bratensaft abschöpfen (das geht am besten mit einem speziellen Fetttrennkännchen aus dem Fachhandel). Von der Lammknochenbrühe 500 ml angießen und kräftig einkochen. Mit gehackten Oliven, Zitronensaft und Sardellenfilets abschmecken und einmal aufkochen.

Das Lammfleisch mit der Soße servieren.

Lammfleischklöße mit Pita-Brot

(für 4 Personen)

500 g Lammhackfleisch

1 Scheibe Weißbrot, fein gewürfelt und ohne Rinde

2 große Zwiebeln, fein gehackt

1 Ei

1 EL Petersilie, fein gewiegt

Salz und schwarzer, gemahlener Pfeffer

2 Knoblauchzehen, gehackt

je eine Messerspitze Kreuzkümmel, Koriander und Chilipulver

1 TL Paprikagewürz

2 EL Mehl

Olivenöl zum Ausbacken

1 Pita-Fladenbrot

Das Hackfleisch mit dem Weißbrot und den anderen Zutaten, außer dem Mehl und dem Öl, gründlich vermischen.

Einige Zeit ruhen lassen.

Mit Hilfe von zwei Teelöffeln aus dem Hackfleisch kleine Klößchen formen und im Mehl wälzen.

Olivenöl in einer Pfanne erhitzen und die Klößchen darin braun anbraten. Das restliche Olivenöl zugießen und auf kleiner Flamme ca. 20 Minuten ausbraten. Das Öl aus der Pfanne in ein kleines Gefäß gießen und zu den Klößen und dem Fladenbrot reichen.

Orientalische Fleischspieße

(4 Personen)

4 Zwiebeln

2 Knoblauchzehen, gehackt

1 EL frische Petersilie, gehackt

1 TL Thymian, gehackt

4 TL Majoran

4 Nelken

2 Lorbeerblätter

½ TL Rosmarin

Salz und gemahlener Pfeffer

1 Pfefferschote

1 Tasse Olivenöl

2 Gläser trockener Weißwein

250 g frische Pilze

800 g Lammfleisch (Rücken oder Schulter)

Die Knoblauchzehen mit den Gewürzen in eine Schüssel geben, gut miteinander vermischen und mit Weißwein und Olivenöl übergießen. Das Lorbeerblatt und die Pfefferschote bleiben dabei unzerteilt.

Das Lammfleisch in Würfel schneiden und in der Marinade 2½ Stunden ziehen lassen. Ab und an umrühren.

Beim Herausnehmen sollten die Gewürze an den Fleischstückchen haften.

Nun werden die Zwiebeln geschält und in Ringe geschnitten, die dann abwechselnd mit dem Fleisch und den geputzten Pilzen auf Spieße gesteckt werden.

Diese werden bei starker Hitze gegrillt oder gebraten.

So will ich eurem Lande Regen geben zu seiner Zeit, Frühregen und Spätregen, dass du einsammelst dein Getreide, deinen Wein und dein Öl.

(5. Mose 11,14)

Fleisch-Reis-Auflauf

(für 4 Personen)

700 g Rote Bete

3 Eier

1 Tasse Risottoreis, gekocht

3 TL Weizenmehl

Salz und schwarzer, gemahlener Pfeffer

1 Prise Muskatnuss

1 Prise Chilipulver

3 EL Olivenöl

700 g Rinderhackfleisch

Fett zum Einfetten der Form

Die Rote Bete ungeschält 1 Stunde kochen, mit kaltem Wasser abschrecken, schälen und auf einer Küchenreibe grob raffeln.

Mit Eiern, Reis und Mehl vermischen und mit Salz und Muskatnuss abschmecken.

Das Rinderhackfleisch mit Pfeffer, Salz und Chili in der Pfanne in heißem Fett braten.

Eine Auflaufform einfetten und den Reis und das Hackfleisch im Wechsel hineingeben. Mit Reis beginnen und abschließen.

Den Auflauf mit Öl beträufeln und im Backofen bei 180 °C ca. 45 Minuten überbacken.

Rinderzunge in süßsaure

900 g marinierte Rinderzunge, über Nacht eingeweicht, das Wasser mehrmals wechseln (frische Zunge muss nicht eingeweicht werden)

3 ganze Nelken

1 TL schwarze Pfefferkörner

1 Lorbeerblatt

½ Zimtstange

Süßsaure Soße:

1 EL Olivenöl

1 Zwiebel, in dünne Ringe geschnitten

2 TL Mehl oder Kartoffelstärke

2 ganze Nelken

1 Zimtstange

70 ml Tomatensoße oder 70 g passierte Tomaten

1 EL Weißweinessig

2 TL mittelscharfer Senf

1 EL brauner Zucker

25 g Rosinen

bei Bedarf etwas Zitronensaft

Der jüdischen Legende nach war das Gericht, das Abraham in 1. Mose 18 für die Engel bereitete, eine Zunge in Senfsoße. Deswegen besitzen Gerichte mit Kalbs- oder Rinderzunge auch heute noch großen Symbolwert in der jüdischen Kultur. Dieses Gericht wird traditionell zum Erntefest Sukkoth im Oktober zubereitet.

Rosinensoße

Die Zunge in einen großen Topf legen und mit kaltem Wasser bedecken. 5 Minuten bei starker Hitze kochen.

Schaum von der Oberfläche abschöpfen.

Das Wasser abschütten und die Zunge erneut mit kaltem Wasser bedecken.

Nelken, Pfefferkörner, Lorbeerblatt und Zimtstange zugeben und zum Kochen bringen. Anschließend die Hitze wieder reduzieren und 3 ½ Stunden köcheln lassen. Dabei beachten, dass die Zunge stets mit Wasser bedeckt ist.

Das Fleisch ist gar, wenn es sich leicht mit dem Messer einstechen lässt.

Die Zunge soweit abkühlen lassen, dass man sie weiter verarbeiten kann. Aus dem Sud nehmen und mit einem scharfen Messer die Haut und den Knorpel am Zungenansatz entfernen. 400 ml des Kochsuds aufbewahren.

Aufgrund des schnellen Wachstums der Senfpflanze ist das Senfkorn für Jesus ein Symbol des Glaubens:

Für die Soße Olivenöl im Topf erhitzen. Die Zwiebeln darin 7 Minuten dünsten, das Mehl darüber stäuben und alles gut verrühren.

„Denn wahrlich, ich sage euch: Wenn ihr Glauben habt wie ein Senfkorn, so könnt ihr sagen zu diesem Berge: Hebt euch dorthin!, so wird er sich heben; und euch wird nichts unmöglich sein."

Nach und nach den übrig gebliebenen Kochsud (ohne weitere Zugabe von Salz) unterrühren, bis eine glatte, sämige Soße entsteht.

(Matthäus 17,20)

Die restlichen Soßenzutaten zugeben und 10 Minuten köcheln lassen. Nelken und Zimtstange entfernen und abschmecken. Die Zunge in Scheiben schneiden, mit Soße übergießen und sofort servieren.

Kräuterforelle

(für 4 Personen)

4 große ausgenommene Forellen

2 EL fein gewiegte Petersilie

2 EL fein gehacktes Basilikum

2 EL gehackter Majoran

2 EL frischer Thymian

Küchengarn

Salz und schwarzer, gemahlener Pfeffer

200 g Weizenmehl

300 ml Milch

200 g geschmolzene Butter

Die Forellen unter fließendem Wasser gründlich waschen und innen trocken tupfen.

Die Kräuter vermischen und die Fische damit füllen. Küchengarn einmal um jeden Fischbauch schlingen und zusammenbinden.

Salz, Pfeffer und Mehl miteinander vermischen.

Die Fische erst in die Milch tauchen und anschließend im Mehl wälzen.

Den Backofen auf 200 °C mit Oberhitze oder Grill vorheizen.

Die Forellen auf einen Grillrost legen und von jeder Seite 6–8 Minuten garen.

Die zerlassene Butter zum Servieren über die heißen Forellen gießen. Mit Zitronenschnitzen reichen.

Zahlreiche Fische gelten als koscher. Im 3. Buch Mose, Vers 9 heißt es: Alles, was Flossen und Schuppen hat im Wasser, im Meer und in den Bächen, dürft ihr essen.

Demnach sind Hummer, Krebse, Aal, Austern, Muscheln und Schnecken nicht auf dem jüdischen Speiseplan zu finden.

*Als sie nun ans Land
stiegen, sahen sie ein
Kohlenfeuer und Fische
darauf und Brot.*

Johannes 21,9

Bratfisch mit Kräutern

(für 4 Personen)

4 EL Mehl

Salz und weißer,
gemahlener Pfeffer

3 Eier

3 EL Wasser

200 g Seezungenfilets

60 ml Olivenöl

Rosmarin

Oregano

Paprikapulver

4 Knoblauchzehen

125 g entsteinte,
geschnittene,
schwarze Oliven

60 ml Weinessig

1 Zitrone,
in Spalten geschnitten

Petersilie und Zitrone
zum Servieren

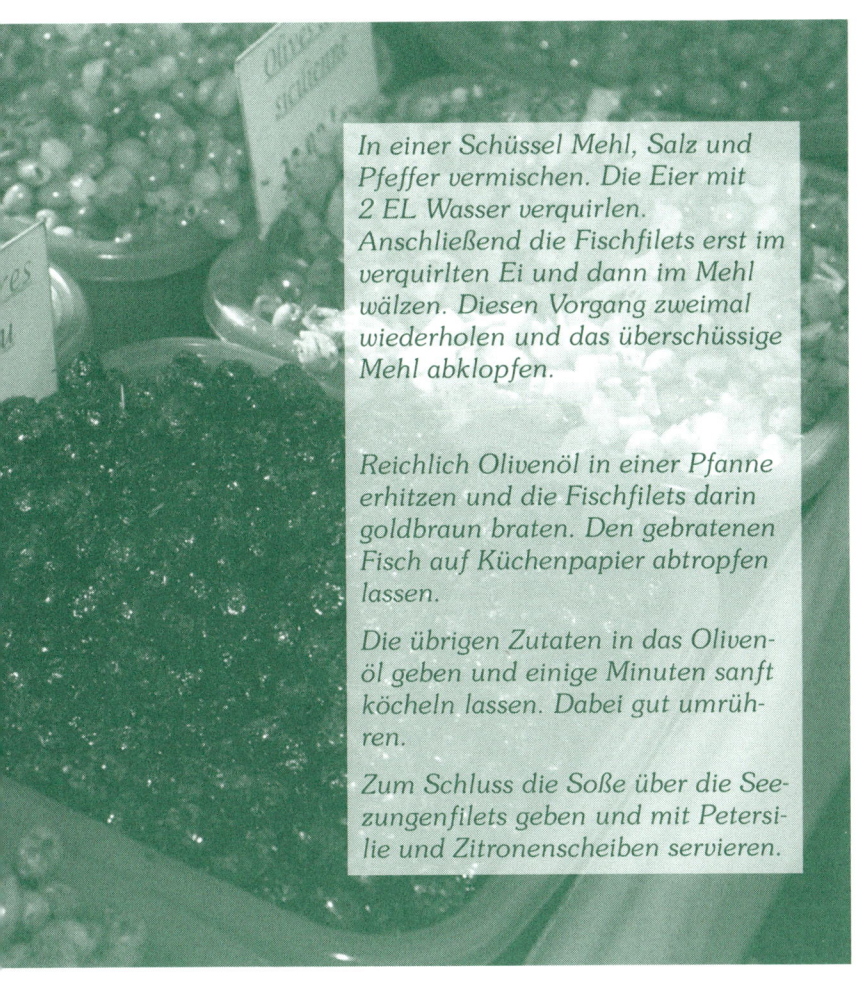

*In einer Schüssel Mehl, Salz und
Pfeffer vermischen. Die Eier mit
2 EL Wasser verquirlen.
Anschließend die Fischfilets erst im
verquirlten Ei und dann im Mehl
wälzen. Diesen Vorgang zweimal
wiederholen und das überschüssige
Mehl abklopfen.*

*Reichlich Olivenöl in einer Pfanne
erhitzen und die Fischfilets darin
goldbraun braten. Den gebratenen
Fisch auf Küchenpapier abtropfen
lassen.*

*Die übrigen Zutaten in das Oliven-
öl geben und einige Minuten sanft
köcheln lassen. Dabei gut umrühren.*

*Zum Schluss die Soße über die See-
zungenfilets geben und mit Petersilie und Zitronenscheiben servieren.*

Gefilter Fisch

(für 4 Personen)

Brühe:

800 g Gräten und Köpfe von Weißfisch, gründlich gesäubert

1 Zwiebel, in Ringen

1 Karotte, in Scheiben

½ Selleriestange, in Scheiben

3 frische Petersiliezweige

½ TL Salz

½ TL schwarze Pfefferkörner

½ TL Zucker

Klößchen:

1 kg gemischte Weißfischfilets, z.B. Kabeljau, Heilbutt und Red Snapper, dazu etwas Karpfen oder Hecht, in Stücke geschnitten

1 Zwiebel, grob gehackt

2 Eier, leicht gequirlt

1 TL Salz

½ TL gemahlener weißer Pfeffer

25 g Matzenmehl

25 ml Wasser

1 Karotte, in dünne Scheiben geschnitten

frische Petersiliezweige und Zitronenspalten zum Garnieren

Matzenmehl ist koscheres Mehl. Aus ihm werden die Matzen, herge-stellt, flache, ungesäuerte Brote. Diese Brote werden in der Pessach-Woche verspeist. Fünf Getreidearten sind dabei eigentlich nicht gestattet: Weizen, Gerste, Dinkel, Roggen und Hafer. Stattdessen wird häufig Kartoffelmehl verwendet. In Rezepten ist mit Matzen-mehl oft auch das aus getrockneten Matzen gemachte Mehl gemeint.

Die Zutaten für die Brühe in einen großen Topf geben, mit Wasser bedecken und bei starker Hitze zum Kochen bringen. Schaum von der Oberfläche abschöpfen. Die Hitze reduzieren und 30 Minuten köcheln lassen, dann in einen anderen Topf abseihen.

Für die Klößchen Fisch und Zwiebeln fein pürieren.

Dabei Eier, Salz, Pfeffer und Muskatnuss unterrühren. Die Mischung in eine große Schüssel füllen.

Nach und nach Matzenmehl und Wasser zugeben.

Abgedeckt 30 Minuten kalt stellen.

Aus der Masse mit zwei Teelöffeln Klößchen ausstechen und auf Backpapier legen. Die Brühe wieder zum Kochen bringen und Klößchen hineingeben. Die Hitze reduzieren und eine Stunde köcheln lassen. Nach 30 Minuten die Karotte zugeben.

Vom Herd nehmen und abkühlen lassen.

Die Klößchen in eine Schüssel geben und die Brühe darüber seihen. Die Karotten dazu geben.

Abgedeckt 3–4 Stunden oder über Nacht kalt stellen.

Tscholent

(für 8–10 Personen)

2 EL Olivenöl

1,3 kg Rinderbrust oder Flanken, ohne Knochen, gewürfelt

4 Zwiebeln, halbiert und in Ringe geschnitten

4–6 Knoblauchzehen, gehackt

450 g getrocknete, weiße Bohnen, mindestens 8 Stunden eingeweicht

100 g Perlgraupen

10 große Kartoffeln, geschält und geviertelt

1 TL getrockneter Thymian

1 TL Paprikapulver

2 TL Salz

Pfeffer

2 Lorbeerblätter

2 EL Zucker

6 EL Wasser

450 g Würstchen (nach Belieben)

Tscholent ist ein traditioneller Schmortopf, der Freitagnacht zubereitet und am Schabbat nach dem Gottesdienst in der Synagoge zum Mittagessen serviert wird. Aufgrund der Religionsgesetze, die unter anderem verbieten am Schabbat zu arbeiten oder Feuer anzuzünden, hat man angefangen, lang garende Gerichte bereits am Vortag zuzubereiten, um sie über Nacht und am nächsten Tag nur warm halten zu müssen.

Den Tscholent gab es vermutlich bereits zu biblischen Zeiten. Jede Gemeinde hat ihr eigenes Rezept mit unterschiedlichen Zutaten und Gewürzen.

Das Olivenöl in einem Bräter erhitzen und das Fleisch darin 8 Minuten von allen Seiten anbraten. Anschließend zur Seite legen.

Die Zwiebeln im Bräter 10 Minuten unter stetigem Rühren glasig dünsten. Den Knoblauch zugeben und 30 Sekunden mitdünsten. Dann die Zwiebeln gleichmäßig auf dem Boden des Bräters verteilen.

Die Bohnen abtropfen lassen und auf den Zwiebeln verteilen. Fleisch, Perlgraupen und Kartoffeln lagenweise darauf schichten und jede Schicht mit Thymian, Paprikapulver, Salz und Pfeffer würzen. Die Lorbeerblätter hineinstecken und vom Herd nehmen.

Den Zucker in einen kleinen Topf geben und mit 2 Esslöffeln Wasser verrühren. Bei starker Hitze ohne Rühren aufkochen, bis der Zucker karamellisiert. Den Topf vom Herd nehmen und vorsichtig das restliche Wasser zugeben. Wieder auf den Herd stellen, umrühren, bis sich der Karamell auflöst, und dann in den Bräter gießen.

Wasser zugeben, bis alle Zutaten bedeckt sind, und bei großer Hitze zum Kochen bringen. Schaum von der Oberfläche abschöpfen. Hitze reduzieren und 30 Minuten köcheln lassen; öfters Schaum abschöpfen und falls nötig Wasser nachgießen.

Nach Geschmack Würstchen zugeben und im abgedeckten Bräter bei 110 °C 10–12 Stunden oder über Nacht im Ofen schmoren.

Zimmes mit Rosinen

(für 4 Personen)

800 g große Karotten

1 TL Salz

4 EL Extra Natives
Olivenöl

3 EL Honig

3 EL Rosinen

100 g getrocknete
Pflaumen, entkernt

½ TL Zimt

*Das Land gibt sein
Gewächs; es segne uns
Gott, unser Gott!*

       (Psalm 67,7)

nd Pflaumen

Karotten schälen und in dünne Scheiben schneiden. Anschließend in erhitztem Olivenöl bei mittlerer Hitze und unter ständigem Rühren andünsten.

Honig hinzufügen, umrühren und mit Wasser auffüllen, bis die Karotten bedeckt sind. Wasser aufkochen lassen, salzen und ca. 1 Stunde bei geschlossenem Deckel ziehen lassen.

Rosinen, Dörrpflaumen und Zimt hinzufügen und weitere 20 Minuten ziehen lassen, bis die Karotten gar sind. Ohne Deckel so lange weiterkochen, bis alle Flüssigkeit verdampft ist und die Karotten glasiert sind.

Zimmes ist ein Eintopf, der auch durch Fleisch ergänzt werden kann. Traditionell wird er an Rosh Hashana, dem jüdischen Neujahrsfest gegessen. Er gilt dann, wie auch der Granatapfel, als Fruchtbarkeitssymbol, das die Vermehrung des jüdischen Volkes im kommenden Jahr sichern soll.

Couscous

auf schnelle und einfache Art

(für 4 Personen)

250 g schnellkochendes Couscous

3 EL Olivenöl

1 kleine Zwiebel

1 Knoblauchzehe, klein gehackt

Salz und schwarzer, gemahlener Pfeffer

½ TL Cayennepfeffer

1 TL süßes Paprikagewürz

2 EL frische Petersilie, gehackt

Couscous nach den Anweisungen auf der Packung zubereiten und zur Seite stellen.

Dann die Zwiebeln bei mittlerer Hitze im Olivenöl dünsten, bis sie Farbe annehmen. Den Knoblauch hinzugeben und noch eine weitere Minute dünsten.

Anschließend werden die restlichen Zutaten untergerührt und dann mit dem gekochten Couscous vermengt.

Kartoffelkigl

(für 4 Personen)

1,5 kg Kartoffeln
1 große Zwiebel
4 Eier
4 EL Olivenöl
1 TL Salz
etwas Pfeffer

Zwiebeln schälen und klein hacken, Eier trennen und das Eiweiß mit einer Prise Salz steif schlagen.

Eigelb mit Olivenöl, der gehackten Zwiebel, Salz und Pfeffer in eine Schüssel geben und gut verrühren.

Die geschälten und gewaschenen Kartoffeln reiben. Zur Eiermasse geben und das steif geschlagene Eiweiß unterheben.

Die Masse in eine mit Olivenöl bepinselte Kastenbackform oder Auflaufform geben.

Im Backofen bei 180 °C ca. 1 Stunde backen.

Danach die Hitze auf 230 °C erhöhen und weitere 5–10 Minuten backen, bis die Oberfläche schön braun ist.

Heiß servieren.

Ich will für Israel wie ein Tau sein, dass es blühen soll wie eine Lilie, und seine Wurzeln sollen ausschlagen wie eine Linde und seine Zweige sich ausbreiten, dass es so schön sei wie ein Ölbaum und so guten Geruch gebe wie die Linde.

(Hosea 14,6-7)

 Latkes

(für 6–8 Personen)

6 Kartoffeln, geschält

1 Zwiebel

2 Eier, verquirlt

100 g Weizenmehl

1 TL Salz

Pfeffer

Olivenöl zum Frittieren

Apfelmus oder saure
Sahne zum Servieren

*Kartoffeln und Zwiebel in der
Küchenmaschine mit dem Reibauf-
satz fein raspeln, dann in einem
sauberen Küchentuch auspressen.*

*In einer Schüssel Eier und Weizen-
mehl unterrühren und mit Salz und
Pfeffer abschmecken.*

*Etwa einen Finger breit Öl in eine
schwere Pfanne geben und erhitzen.
Die Kartoffelmasse löffelweise in
die Pfanne geben. Die Puffer braten, bis die Unterseite knusprig
braun ist, dann wenden.*

*Die fertigen Puffer auf Küchen-
papier abtropfen lassen.*

*Warm mit Apfelmus oder saurer
Sahne servieren.*

Latkes werden in Israel gerne an Chanukka, dem Lichterfest,
gebraten. Die frittierten Kartoffelpuffer stehen dabei symbolisch
für ein Wunder: Als der Tempel in Jerusalem nach dem Sieg der
jüdischen Truppen über die griechischen Herrscher wieder dem

jüdischen Glauben zugeführt wurde, stand für das heilige Licht nur eine Tagesration Öl zur Verfügung. Wie durch ein Wunder brannte das Licht jedoch acht Tage.

Zur Erinnerung an dieses Ereignis wird im Laufe des achttägigen Chanukkafestes an jedem Abend eine Kerze mehr angezündet – eine Kerze am ersten Abend, zwei Kerzen am zweiten Abend und so weiter.

Kreplach
(für 4 Personen)

Für den Nudelteig:
200 g Mehl
3 Eier
1 EL Olivenöl
Salz

Für die Füllung:
Olivenöl
200 g Rinderhackfleisch
1 Zwiebel, fein gehackt
½ Knoblauchzehe, fein gehackt
Salz und
schwarzer, gemahlener Pfeffer
1 EL getrockneter Majoran
1 Ei

Kreplach sind aus der jüdischen Küche kaum wegzudenken.
Die Teigtaschen werden gerne am letzten Tag des Sukkoth serviert.

Sukkoth ist auch unter dem Namen „Laubhüttenfest" bekannt und
ist eines der drei Wallfahrtsfeste. Die Menschen gedenken des Aus-
zugs der Israeliten aus Ägypten, indem sie Laubhütten errichten,
die den Hütten der Israeliten in der Wüste ähnlich sein sollen.

Olivenöl in einer Pfanne erhitzen und das Hackfleisch mit der Zwiebel und dem Knoblauch braten.

Mit Pfeffer, Salz und Majoran würzen. Die Masse abkühlen lassen und das verquirlte Ei unterrühren.

Das Mehl mit Ei, Olivenöl und Salz verkneten und ruhen lassen.

Auf eine Arbeitsfläche etwas Mehl stäuben. Mit einem Nudelholz den Teig so dünn wie möglich ausrollen und kleine Quadrate ausschneiden. In die Mitte der Nudelquadrate jeweils einen Teelöffel Hackmasse setzen und die Teigränder darüber zusammen klappen. Mit einer Gabel den Rand zusammendrücken.

In reichlich Salzwasser 10 Minuten kochen. Mit dem Schaumlöffel abfischen. Entweder als Suppeneinlage oder als eigenständiges Gericht mit gebratenen Zwiebelwürfeln bestreut servieren.

Matzekneidlach

(Matzenknödel als Suppeneinlage)

180 g Matzenmehl*
1 TL Salz
150 ml kaltes Wasser
4 Eier
1 EL fein gewiegte
Petersilie
1 EL fein gewiegtes
Basilikum

Das Matzenmehl mit Salz und Wasser mischen und einen Teig daraus rühren.

Die Eier verschlagen und mit der fein gewiegten Petersilie und dem Basilikum unter den Teig heben.

In einer abgedeckten Schüssel für 2–3 Stunden in den Kühlschrank stellen.

Aus dem Teig mit feuchten Händen kleine Knödelchen formen.

In einem großen Topf Salzwasser aufkochen und die Knödelchen hineingeben. Die Hitze reduzieren. Nach ca. 20 Minuten schwimmen die Knödel an der Oberfläche und sind gar.

Matzenknödel eignen sich gut als Einlage für die „Goldene Joich" *(s. S. 48).*

* siehe Seite 32

Suppen

Goldene Joich

2 kg Suppenhuhn

Magen, Lunge,
Herz und Hühnerhals

1 große Zwiebel

2 Möhren

300 g Sellerieknolle

3 Stangen Porree

2 Lorbeerblätter

3 Wacholderbeeren

Salz und gemahlener,
weißer Pfeffer

1 Prise Muskatnuss

Suppeneinlage:

2 Möhren

2 kleine Stangen Porree

Die „Goldene Joich" ist der Klassiker unter den jüdischen Suppen und ein beliebtes Schabbatgericht. Durch die an den Schnittflächen gebräunte Zwiebel erhält die Suppe ihre schöne goldene Farbe und ihr außergewöhnliches Aroma.

Das Suppenhuhn und die Innereien gründlich waschen. In einen ausreichend großen Topf geben und mit Wasser bedecken.

Die Zwiebel ungeschält halbieren und mit den Schnittflächen nach unten in eine Pfanne ohne Fett setzten.

Die Zwiebelunterseiten bei starker Hitze fast schwarz bräunen. Mit dem anderen zerkleinerten Gemüse, den Lorbeerblättern und den Wacholderbeeren zum Huhn geben. Kräftig salzen und die Brühe ohne Deckel zum Kochen bringen.
Nach dem Aufkochen für 2–3 Stunden bei mittlerer Hitze köcheln lassen.

Nun alles aus der Brühe heben, das Huhn von den Knochen und der Haut befreien und in kleine Stücke schneiden, das Suppengemüse wegwerfen.

Die frische Möhre in ganz kleine Würfelchen, die frische Porreestange in Streifen schneiden und in der Suppe kurz aufkochen.
Das Hühnerfleisch wieder zufügen und mit weißem Pfeffer, Muskat und Salz abschmecken.

Kartoffelsuppe mit Kürbis
(für 4 Personen)

700 g Kartoffeln

300 g Speisekürbis

200 g Tomaten, gehäutet

2 Möhren, grob gehackt

2 Zwiebeln, fein gehackt

2 Knoblauchzehen,
fein gehackt

2 l Gemüsebrühe

Salz, weißer Pfeffer

2 Lorbeerblätter

50 g Crème fraîche

Olivenöl

Kartoffeln, Kürbis, Tomaten, Möhre, Zwiebel und Knoblauchzehen schälen, würfeln und in etwas Olivenöl anbraten.

Die Gemüsebrühe aufkochen und das Gemüse zufügen.

Mit Pfeffer, Salz und Lorbeerblättern würzen und zugedeckt 20 Minuten köcheln. Die Lorbeerblätter aus der Brühe nehmen und die Suppe pürieren.

Die Suppe nicht mehr kochen lassen und vorsichtig die Crème fraîche unterrühren.

Bei und ist im Oktober Kürbiszeit. Frisch geerntet sollten sie glatt und ohne braune Flecken sein.

Klopfen sie den Kürbis ab – klingt er hohl, hat er das richtige Reifestadium erreicht.

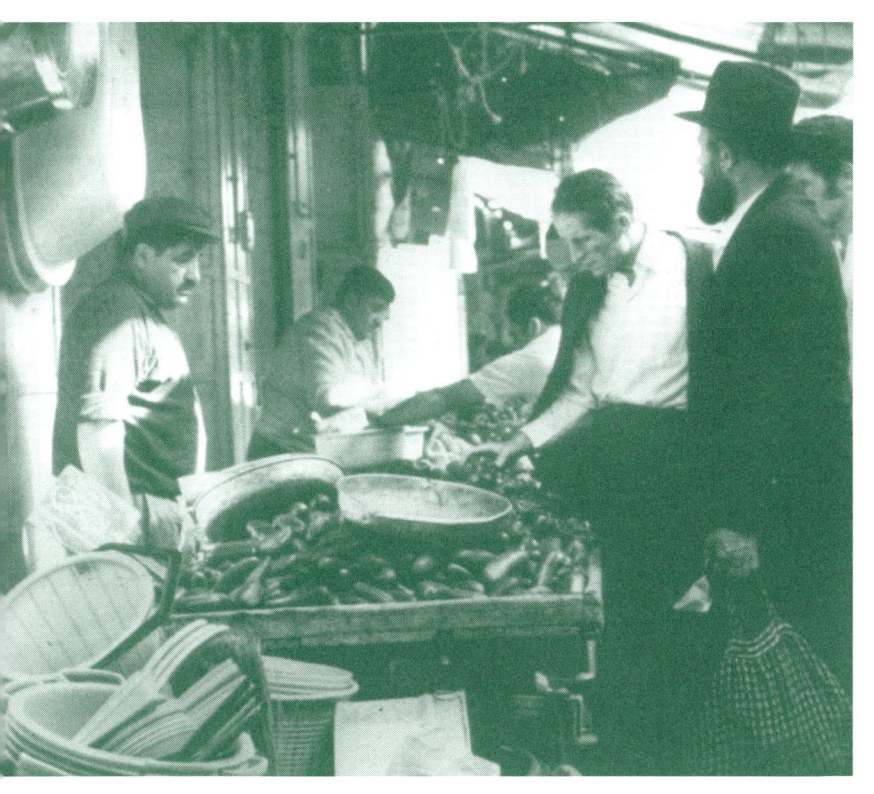

*Besser ein Gericht Kraut
mit Liebe als ein gemästeter
Ochse mit Hass.*

   (Sprüche 15,17)

Sauerampfersüppchen
(für 4 Personen)

500 g Sauerampfer

1 l Gemüsebrühe

3 EL Obstessig

3 EL Zucker

2 Eigelb

250 ml Sauerrahm

Salz und Pfeffer

Den Sauerampfer waschen und grob hacken. Mit Gemüsebrühe, Obstessig und Zucker aufkochen und 30 Minuten köcheln lassen.

Das Eigelb mit dem Sauerrahm verkleppern und unter die Suppe rühren. Anschließend mit Salz und Pfeffer abschmecken.

Die Suppe wird traditionell kalt serviert und mit Brot und hart gekochten Eiern verzehrt.

Israelische Gurken-Joghurt-Suppe

(für 4 Personen)

1 große, geschälte, entkernte und gewürfelte Salatgurke

500 g milder Joghurt, 1,5 % Fett

50 g Tomatenmark

1 durchgepresste Knoblauchzehe

½ TL gemahlener Koriander

2 EL Olivenöl

1 TL Zucker

1 TL Salz

1 Messerspitze Cayennepfeffer

1 Messerspitze Majoran

Alle Zutaten in einem stabilen Gefäß vermengen und mit dem Küchenmixer zu einer cremigen Suppe pürieren.

Die Suppe gut gekühlt servieren.

Schon Plinius sagte, der beste Koriander stamme aus Ägypten. Deshalb wird vermutet, dass die Israeliten die Gewürzpflanze, die äußerlich an Petersilie erinnert, aus dem Land ihrer Knechtschaft mitbrachten.

Salate

Israelischer Salat

(für 4 Personen)

3 hart gekochte Eier

1 reife Avocado

3 gekochte Kartoffeln

etwas frische Petersilie

3 Frühlingszwiebeln

3 Tomaten

3 kleine Gemüsegurken

1 Paprikaschote

1 kleines Glas Tahina

einige Oliven

etwas Olivenöl

etwas Zitronensaft

Salz und Pfeffer

Tomaten, Gurken, Kartoffeln und Avocado würfeln.

Die Frühlingszwiebeln in Ringe schneiden.

Die Paprika wird in Streifen geschnitten, die Eier werden gehackt und die Oliven ganz verwendet.

Alle Zutaten in einer Schüssel vermischen und mit Salz, Pfeffer, Zitronensaft und Olivenöl abschmecken.

Kaltes Olivenöl wird gerne für Salate verwendet, um ihnen eine fruchtige Note zu verleihen.

Vor dem Servieren den Salat eine Stunde kalt stellen und, wenn Sie mögen, noch etwas Tahina unterziehen.

Der Salat lässt sich beliebig variieren. So können je nach Jahreszeit auch Rote Bete oder Möhren für den Salat verwendet werden.

Die Tahina-Paste kann auch durch eine Joghurtsoße oder Sauerrahm ersetzt werden.

Orangen-Avocado-Salat

(für 4 Personen)

2 kernlose Orangen

1 reifer Granatapfel,
in Spalten geteilt

2 reife Avocados

frisch gepresster Saft
einer halben Zitrone

3 EL Weißweinessig

2 EL Honig

Salz und Pfeffer

3 EL Extra Natives
Olivenöl

frische Minzeblätter

entsteinte Oliven
zum Servieren

*Avocados, Orangen und Granatäpfel werden in Israel angebaut,
viele der Früchte werden ins Ausland exportiert. Der Salat vereint
diese drei Früchte des Landes.*

Die Orangen schälen und die weiße Haut entfernen. Über einer Schüssel in Spalten teilen und filettieren.

Mit einem Löffel die Granatapfelkerne auskratzen und in eine Schüssel geben, die Spalten über einer anderen Schüssel auspressen.

Die Avocados halbieren und die Kerne entfernen. Mit einem stumpfen Messer das Fleisch ringsum vorsichtig von der Schale lösen, in Spalten schneiden, die unten aber noch zusammenhängen sollten. Jede Avocadohälfte auf einen Salatteller legen. Mit der Hand leicht auffächern. Mit Zitronensaft beträufeln.

In einer kleinen Schüssel Essig und Honig verrühren und mit Salz und Pfeffer abschmecken. Ca. 2 EL Orangensaft und 2 EL Granatapfelsaft einrühren, Olivenöl und die Minzeblätter zugeben.

Orangenspalten der zweiten Orange und die Oliven um die Avocado auf den Tellern verteilen und Dressing darüber träufeln.

Heringssalat
mit Roter Bete

(für 4 Personen)

2 Knollen Rote Bete

2 große Kartoffeln

4 Heringfilets

100 g gehackte Walnüsse

150 ml saure Sahne

gemahlener, schwarzer Pfeffer

3 EL Essig

1 Kopfsalat

Die Rote Bete mit Stumpf und Stiel in Salzwasser 50–60 Minuten gar kochen. Mit kaltem Wasser abschrecken, schälen und in kleine Würfel schneiden.

Kartoffeln in der Schale gar kochen und pellen, ebenfalls würfeln. Den gewaschenen Fisch in feine Streifen schneiden. Alles miteinander vermischen, die Walnüsse und die saure Sahne zugeben und mit Pfeffer und Essig würzen.

Der Salat sollte über Nacht durchziehen.

Den Heringsalat auf grünen Salatblättern anrichten.

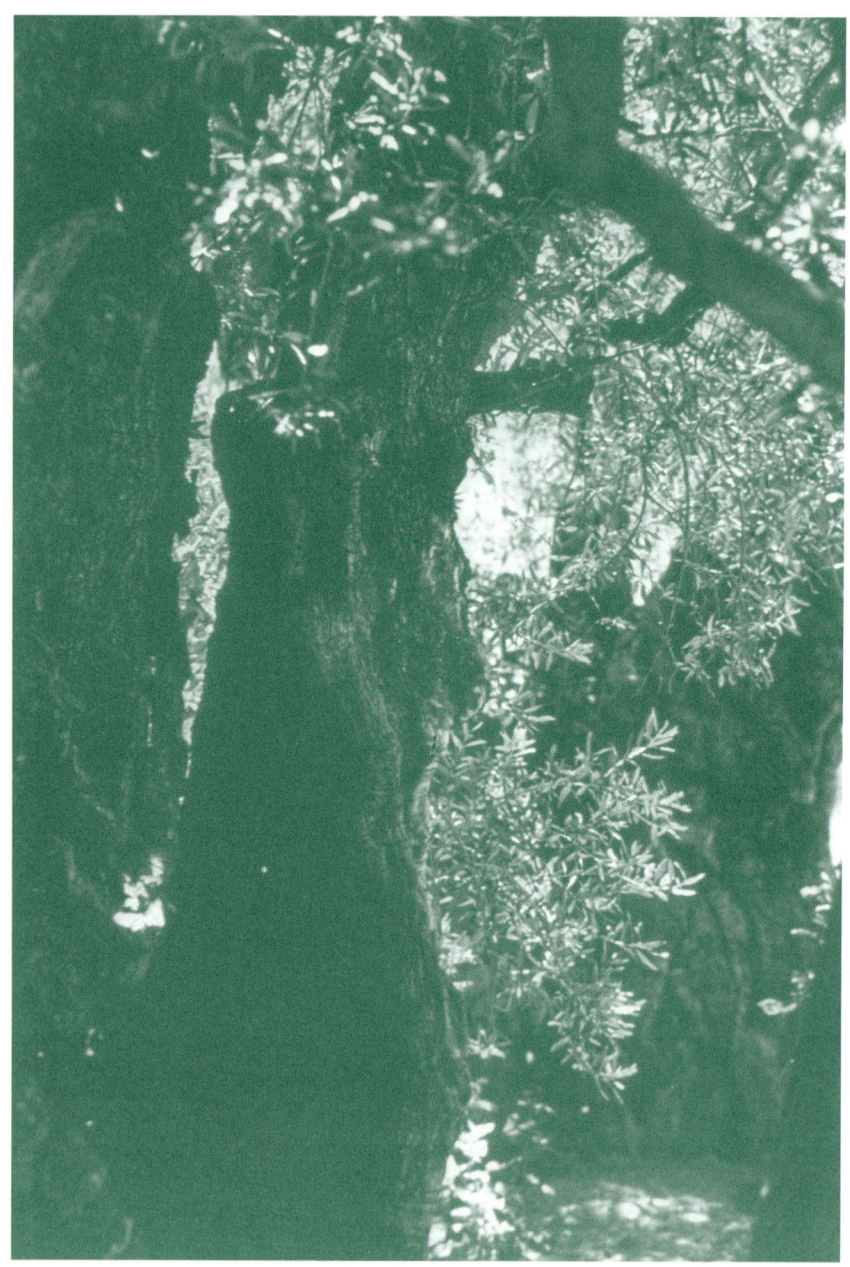

Zum Nachtisch

Apfel-Sahne-Creme

(für 4–6 Personen)

7 geschälte und entkernte Äpfel

500 ml Weißwein

300 g Zucker

1 TL abgeriebene Zitronenschale

1 Messerspitze Vanillemark

1 TL Zimt

25 g Gelatine

125 ml lieblicher Sherry

200 ml süße Sahne, steif geschlagen

Mandelblättchen

Die Äpfel mit Wein, Zucker, Zitronenschale, Vanillemark und Zimt mischen und köcheln lassen, bis sie weich sind.

Anschießend pürieren.

In einem Topf die Gelatine im Sherry einweichen und erhitzen. Anschließend unter das Apfelmus heben und gut vermischen. Abkühlen lassen.

Sobald das Mus fest wird, die steif geschlagene Sahne unterheben, in Schälchen füllen und mit Mandelblättchen garnieren.

Granatapfel-Sorbet

200 g Zucker

3 Eiweiß

200 g Granatapfelkerne, leicht zerdrückt

Saft von 3 Zitronen

1 Liter Wasser mit dem Zucker in einen Topf geben, erhitzen und unter ständigem Rühren den Zucker auflösen. Abkühlen lassen und das Eiweiß unterrühren. Den Sirup ins Eisfach stellen, bis er fast gefriert.

Dann die Granatapfelkerne und den Zitronensaft unterrühren und wieder anfrieren lassen, dann umrühren. Die Masse alle 30 Minuten umrühren, bis die Konsistenz eines Sorbets erreicht ist (das dauert ca. 4–5 Stunden).

Der rot glänzende Granatapfel mit der Blütenkrone am oberen Teil galt schon in der Bibel als Symbol der Schönheit. Im Hohenlied 6,7 heißt es: „Deine Schläfen sind unter deinem Schleier wie eine Scheibe vom Granatapfel."

Trockenfrucht-Kompott

(für 4 Personen)

225 g Trockenpflaumen, entsteint

225 g getrocknete Aprikosen

100 g getrocknete Birnen

100 g getrocknete Apfelringe

75 g Rosinen

50 g Honig

Saft einer Zitrone oder Orange

½ Zimtstange

15 Tropfen Vanillearoma

Mandelblättchen, zum Servieren

Die getrockneten Früchte in einen großen Topf geben und großzügig mit Wasser bedecken.

Honig und Orangen-/Zitronensaft mit der ½ Zimtstange dazu geben und bei starker Hitze zum Kochen bringen. Den Schaum dabei von der Wasseroberfläche abschöpfen.

15 Minuten halb abgedeckt köcheln lassen, bis die Früchte aufquellen und weich sind. Den Topf vom Herd nehmen und das Vanillearoma einrühren.

Die Früchte aus dem Sirup fischen und in eine Schüssel geben.

Den Sirup im Topf aufkochen und eindicken lassen. Anschließend über die Früchte geben und abkühlen lassen.

Abgedeckt 3–4 Stunden oder über Nacht in den Kühlschrank stellen. Mit Mandeln bestreut servieren.

Israel: Ein Land, darin Milch und Honig fließt.

(2. Mose 3,8)

Traditionell backen

Einfaches Pita-Brot

(4 Portionen)

½ TL Salz

½ TL Zucker

2 EL Olivenöl

1½ Tasse lau-
warmes Wasser

5 Tassen
Roggenmehl

20 g Frischhefe

Pita-Brot gehört in Israel zu den täglichen Speisen. Man isst das dünne runde Fladenbrot am liebsten noch warm zum Frühstück, als Beilage zur Hauptmahlzeit oder herzhaft gefüllt als Snack zwischendurch.

Hefe und Zucker mit der Hälfte des Wassers verrühren und stehen lassen, bis sich Blasen bilden.

Dann Mehl, die Hälfte des Olivenöls, Salz und das restliche Wasser hinzufügen und gut vermengen. Aus den Zutaten einen glatten, elastischen Teig kneten und daraus eine Kugel formen. Diese in Olivenöl wälzen und 2 Stunden lang ruhen lassen.

Danach den Teig durchkneten, in acht Stücke teilen und daraus Laibe formen. Diese nochmals eine halbe Stunde ruhen lassen.

In der Zwischenzeit den Backofen sehr heiß vorheizen.

Die Teigkugeln nach dem Ruhen mit Mehl bestäuben, dünn ausrollen und auf zwei warme, mit Öl eingefettete Backbleche legen. Dabei ist zu beachten, dass die Fladen nicht zu dicht beieinander liegen, da sie beim Backen noch weiter aufgehen.

Die Bleche mit Tüchern abdecken, nochmals eine halbe
Stunde zur Seite stellen, bis die Brote kurz im sehr heißen
Ofen (ca. 250 °C) gebacken werden.

Nach dem Backen die Fladen zum Abkühlen in Alufolie
wickeln. Nach 15 Minuten sind sie abgekühlt und zusammen-
gefallen; im Innern ist eine Luftblase entstanden.

Brot mit Oliven und Rosmarin

500 g Mehl

42 g Hefe

1 TL Zucker

1 TL Salz

300 ml warmes Wasser

4–5 EL Olivenöl

200 g schwarze Oliven, entsteint und in Scheiben geschnitten

1 El frisch gehackte Rosmarinnadeln

Brot ist der Stab des Lebens.

(Jonathan Swift)

Das Mehl in eine Schüssel geben und in die Mitte eine Vertiefung drücken. Die Hefe mit Zucker und etwas Wasser in einer Tasse auflösen und in die Mulde gießen. Etwas Mehl darüber geben. Diesen Vorteig ca. 10 Minuten gehen lassen.

Das Salz auf das Mehl streuen, das Wasser mit 2 El Olivenöl

 mischen und danach unter ständigem Rühren mit dem Mehl vermischen.

Den Teig so lange kneten, bis er nicht mehr an den Fingern klebt. Aus dem Teig eine Kugel formen, in eine Schüssel legen und mit etwas Olivenöl bestreichen. Mit einem Tuch bedeckt an einem warmen Ort 1 Stunde gehen lassen. Der Teig muss sein Volumen verdoppeln.

Dann das restliche Öl, die Oliven und die Rosmarinnadeln in den Teig einarbeiten. Zur Kugel geformt wieder in die Schüssel legen – er muss jetzt eine weitere Stunde abgedeckt ruhen.

Den Brotlaib auf ein gefettetes Backblech legen und auf der mittleren Einschubleiste ca. 40–45 Minuten bei 200 °C backen.

Matzenfladen
(für 4 Personen)

8 Matzen

8 Eier

Salz und Pfeffer

4 EL Margarine

Matzen ist ein Brot, das ohne Sauerteig hergestellt wird. Es erinnert an den Auszug der Israeliten aus Ägypten. Als sie aufbrachen, reichte die Zeit nicht aus, um einen Sauerteig für das Brot anzusetzen:

„Und sie backten aus dem rohen Teig, den sie aus Ägypten mitbrachten, ungesäuerte Brote; denn er war nicht gesäuert, weil sie aus Ägypten weggetrieben wurden und sich nicht länger aufhalten konnten und keine Wegzehrung zubereitet hatten."

(2. Mose 12,39)

Matzenfladen sind als Fladen oder in Stücke gebrochen ein beliebtes Pessach-Frühstück. Man kann sie, was besonders Kinder lieben, wie Pfannekuchen mit Marmelade, Zimt und Zucker oder Ahornsirup genießen.

Die Matzen (man bekommt sie im Reformhaus) in nicht zu kleine Stücke brechen und in eine Schüssel legen. Zum Einweichen mit Wasser bedecken und ab und zu wenden.

In einer anderen Schüssel die Eier verquirlen, salzen und pfeffern. Die Margarine in einer Pfanne auf mittlerer Stufe erhitzen. Die Matzenstücke aus der Schüssel nehmen und gut ausdrücken, um überschüssiges Wasser auszupressen. In die Pfanne legen. Sofort die Eier darüber gießen, alles verrühren und gleichmäßig verteilen. Etwa 2 Minuten braten, bis die Unterseite knusprig ist. Den Fladen in Stücke reißen und wieder rühren, bis knusprige und weiche Teile vermengt sind.

Mit Salz und Pfeffer bestreuen.

Man kann den Fladen auch ganz lassen. Dann ist das Wenden der Fladen jedoch nicht ganz einfach.

Challah

Für den Teig:
1 EL Trockenhefe
1 EL Zucker
80 ml warmes Wasser
1 EL Salz
2 EL Olivenöl
2 Eier
2 Eigelb
800 g Mehl

Für die Glasur:
2 Eier
1 Prise Salz
1 Prise Zucker
1½ EL Mohnsamen

Das traditionelle Hefegebäck wird am Schabbat und an anderen Feiertagen gegessen. Dabei wird es sowohl als Laib wie auch als Zopf gebacken. Der Zopf symbolisiert die Liebe, während der runde Laib für den ewigen Kreislauf des Lebens steht.

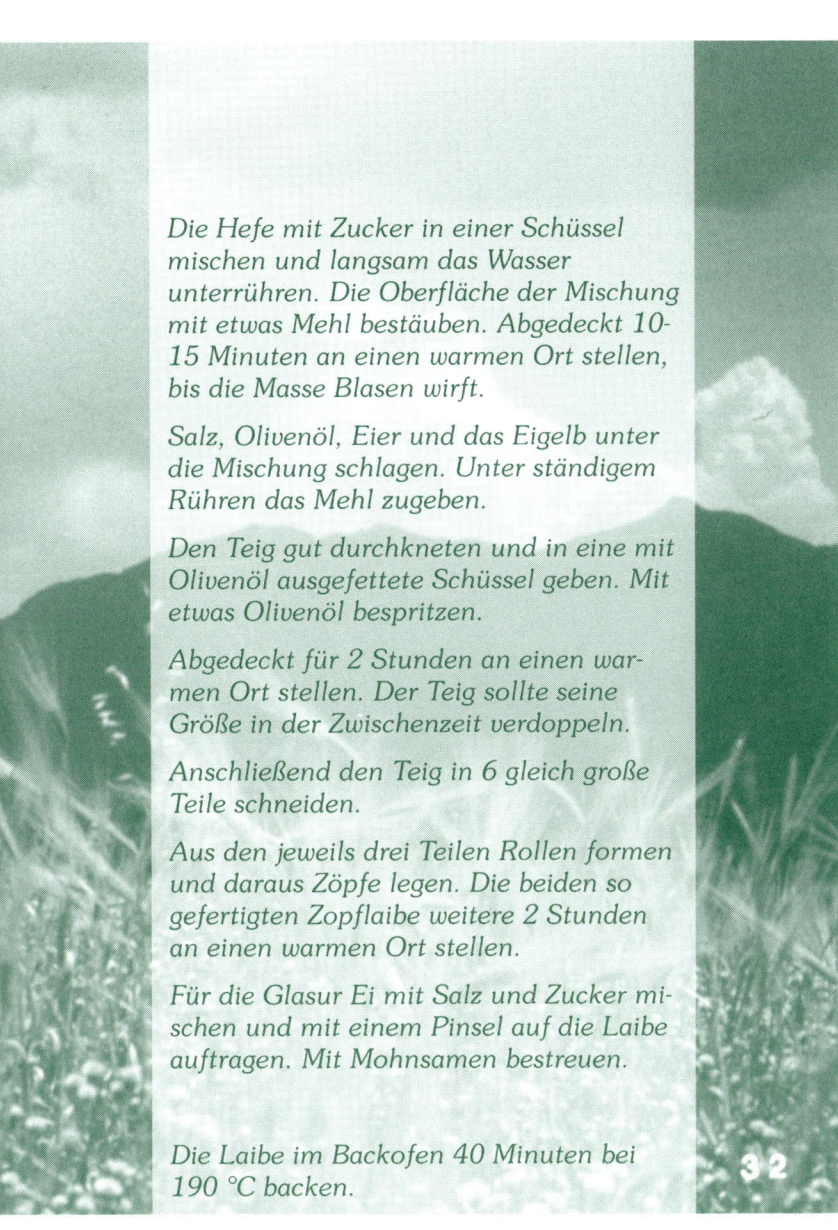

Die Hefe mit Zucker in einer Schüssel mischen und langsam das Wasser unterrühren. Die Oberfläche der Mischung mit etwas Mehl bestäuben. Abgedeckt 10-15 Minuten an einen warmen Ort stellen, bis die Masse Blasen wirft.

Salz, Olivenöl, Eier und das Eigelb unter die Mischung schlagen. Unter ständigem Rühren das Mehl zugeben.

Den Teig gut durchkneten und in eine mit Olivenöl ausgefettete Schüssel geben. Mit etwas Olivenöl bespritzen.

Abgedeckt für 2 Stunden an einen warmen Ort stellen. Der Teig sollte seine Größe in der Zwischenzeit verdoppeln.

Anschließend den Teig in 6 gleich große Teile schneiden.

Aus den jeweils drei Teilen Rollen formen und daraus Zöpfe legen. Die beiden so gefertigten Zopflaibe weitere 2 Stunden an einen warmen Ort stellen.

Für die Glasur Ei mit Salz und Zucker mischen und mit einem Pinsel auf die Laibe auftragen. Mit Mohnsamen bestreuen.

Die Laibe im Backofen 40 Minuten bei 190 °C backen.

32

Fladenbrot mit Kümmel

250 g Weizenmehl

1 gute Prise Salz

1 Prise Pfeffer

1 Prise gemahlener Kardamom

2 TL Kümmel

200 ml heißes Wasser

Olivenöl zum Backen

Das Mehl mit den Gewürzen mischen. Das heiße Wasser dazugeben und einen glatten Teig kneten. Den fertigen Teig abgedeckt ca. 1 Stunde an einem warmen Ort gehen lassen.

Danach den Teig noch einmal kneten und in 10–12 Stücke teilen. Mit den Händen daraus dünne Fladen formen.

Eine Pfanne mit dickem Boden leicht mit Öl auspinseln und stark erhitzen. Die einzelnen Fladen in die Pfanne geben und so lange braten, bis sie von beiden Seiten leicht angebräunt sind.

Bei jedem neuen Fladen den Ölfilm in der Pfanne erneuern.

Zum Schluss alle Fladen im Backofen auf einem Backgitter von beiden Seiten kurz grillen.

Ist's nicht so: Wenn der Herr den Acker geebnet hat, dann streut er Dill und wirft Kümmel und sät Weizen und Gerste, ein jedes, wohin er's haben will, und Spelt an den Rand?

(Jesaja 28,25)

Kümmel war bereits zu Zeiten Jesu ein wichtiges und alltägliches Gewürz in Israel. Er wuchs üppig und wurde sogar in andere Länder exportiert.

Inhalt

Inhalt